나중에 할 거야

스콜라 scola_ 가치 있는 책을 만드는 아름다운 책 학교
(주)위즈덤하우스의 아동·청소년 브랜드입니다.

글 김유리
대학에서 역사를 공부하고 지금은 어린이들을 위한 책을 쓰고 있습니다.
그동안 《함께 할수록 커지는 마음》 《5학년 2반 오마리 외교관이 되다》 《곤충탐험대가 떴다!》 《융합과학이야기 자동차가 좋아!》 등 다양한 책을 썼습니다. 또 《우체부 롤랭씨》 《빼미아주머니 알이 사라졌대요!》 《마을을 지킨 동이》 《부르왕의 구름침대》 같은 그림책을 쓰기도 했답니다.

그림 이주희
세상에 가득한 재미있는 이야기들을 그림으로 그릴 수 있어서 행복한 일러스트레이터입니다.
그린 책으로 《나는 3학년 2반 7번 애벌레》 《스마트폰 자격증이 필요해》 《착한 지방은 억울해》 《팝콘 교실》 《사진일기 쓰기》 《똑똑한 지리책 1》 《상하수도는 무슨 일을 할까》 《독서 전쟁 세종대왕 vs 링컨》 등이 있습니다.

좋은습관 길러주는 생활동화 33

책임감. 있는. 아이로. 길러주는. 책.

나중에 할 거야

글 김유리 | 그림 이주희

스콜라

작가의 말

책임감도 습관이에요!

   해오름초등학교 3학년 2반 므스므스 오므라이스 오무찬은 재미있고 춤도 잘 추는 인기쟁이예요. 그런데 인기쟁이 오무찬이 가장 자주 하는 말이 하나 있어요. 바로 '앗, 깜빡했다!'예요. 미술 시간에 준비물을 챙겨 오지 못했을 때도, 교실 쓰레기통을 제때 비우지 않았을 때도, 우유 상자 배달하는 것을 잊어버렸을 때도, 무찬이는 항상 미안한 얼굴로 말해요. "앗, 깜빡했다!"라고요. 그럴 때마다 친구들은 무찬이의 잘못을 너그럽게 이해해 주지요.

   그런데 깜빡했다는 말은 참 무책임한 말이에요. 해야 할 일을 하지 않고 잊어버렸다는 핑계를 대는 거잖아요. 무찬이가 미술 시간에 준비물을 가져오지 않아서 모둠 친구들은 모빌을 완성하지 못했어요. 무찬이가 쓰레기통을 비우지 않아서 교실은 쓰레기로 지저분해졌어요. 무찬이가 우유 상자 배달하는 것을 잊어버려서 반 아이들이 배탈이 나기도 했어요. 책임감 없는 무찬이 때문에 다른 친구들이 피해를 본 거예

요. 무찬이처럼 자신이 맡은 일에 책임을 다하지 않으면 자신이 피해를 보는 것은 물론이고 다른 사람들에게도 피해를 줄 수 있어요.

'무찬이처럼 깜빡하는 일이 많은데 나도 책임감이 없는 사람일까?' 라며 걱정하고 실망하는 친구들이 있나요?

책임감은 절대 타고나는 것이 아니에요. 책임감도 습관이거든요. 그러니 맡은 일을 꼭 해내겠다는 마음으로 목표를 정하고 실천하는 습관을 들이면, 누구든 책임감 있는 사람이 될 수 있어요. 반대로 무슨 일이든지 조금이라도 힘들면 뒤로 미루는 사람은 얼렁뚱땅 대충하는 습관이 생겨요. 그렇게 되면 어떤 일도 해내지 못하고 남에게 피해를 주는 사람이 되고 말겠지요.

무찬이의 이야기를 읽으며 책임감 있는 사람이 되기 위해 어떤 습관을 기르면 좋을지 함께 생각해 보아요.

김유리

차례

작가의 말 책임감도 습관이에요!　4

 인기쟁이 무찬이

 미안해, 깜빡했어!

 깜빡하고 만 우유 배달

 상한 우유 때문이야!

 또또야, 미안해 49

 다시 생긴 친구들  58

부 록 **책임감 기르기 프로젝트** 72

① 책임감 신문 만들기
② 쑥쑥! 책임감 키우기
③ 책임감 점검표 만들기

인기쟁이 무찬이

"어제 또또랑 산책은 했니?"

엄마가 물었어요.

하지만 무찬이는 대답 대신, 남은 밥을 싹싹 긁어 입에 가득 넣었어요.

"너 또또랑 산책 안 했구나?"

무찬이가 딴청을 부리자, 엄마가 눈을 흘겼어요.

무찬이는 엄마의 눈을 피하며 이번에는 물을 벌컥벌컥 마셨어요.

"또또가 얼마나 답답하겠어? 또또 산책은 네가 책임지기로 했잖아."

엄마가 팔짱을 끼며 무찬이를 나무랐어요. 엄마가 팔짱을 낀다는 것은 잔소리가 길어질 거라는 신호예요.

"알았어요, 알았어. 오늘 학교 갔다 와서 꼭 할게요."

무찬이는 허겁지겁 가방을 메며 현관으로 달아났어요. 하지만 엄마 잔소리가 1절로 끝날 리 없

었어요.

"알겠다고 한 게 벌써 몇 번째야? 요즘은 식당 일이 바빠서 엄마, 아빠도 늦게 들어오잖니. 너 아니면 또또는 누구랑 산책해? 너는 언제나 말만……."

엄마는 현관까지 무찬이를 계속 따라오며 잔소리를 늘어놓았어요.

"예, 예! 다 제 잘못입니다, 마마. 학교 다녀와서 꼭 하겠습니다!"

무찬이는 신발을 구겨 신으며 서둘러 현관문을 뛰쳐나왔어요. 더 있다가는 엄마의 잔소리 폭격이 시작될 게 분명했어요.

"어휴, 지겨운 잔소리! 매일 아침마다 학교 가는 아들을 붙잡고 야단치는 엄마는 세상에 우리 엄마밖에 없을 거야."

무찬이는 투덜거리며 학교를 향해 걸음을 재촉했어요.

그래도 학교를 향하는 발걸음이 유난히 가벼웠어요. 오늘은 무찬이가 3학년이 되고 학교에 가는 첫날이거든요.

'담임 선생님은 누굴까? 제발 무서운 뼈다귀 선생님은 아니

어야 하는데.'

'짝꿍은 누가 될까? 해원이만큼 예쁜 아이였으면 좋겠는데. 으하하!'

무찬이는 새 반, 새 친구들을 만날 생각에 마음이 설렜어요.

"안녕? 나는 <u>므스므스 오므라이스</u> 오무찬이야. 오므라이스는 내 이름이 오므라이스와 비슷하다고 친구들이 붙여 준 별명이야. 그런데 난 내 별명이 별로 마음에 들지 않아. 그래서 올해는 너희가 새 별명을 지어 주었으면 좋겠어. 내 별명을 잘 지을 수 있게 내가 잘하는 걸 보여 줄게."

무찬이는 반 친구들에게 자기소개를 하다 말고 춤을 추었어요. 텔레비전에 나오는 아이돌만큼이나 멋진 춤이었어요. 무찬이의 능숙한 춤 솜씨에 아이들이 '우아!' 하고 환호성을 질렀어요. 아이들의 탄성에 무찬이는 신이 났지요. 그래서 이번에는 새로운 춤을 선보였어요. 그러자 소리를 지르던 아이들이 웃음을 터뜨렸어요. 무찬이의 춤이 꺽다리 기린이 흐느적흐느적하

며 뛰어가는 것 같았거든요. 아이들은 깔깔거리며 무찬이의 춤에 맞춰 박수를 쳐 줬어요. 무찬이는 아이들의 박수 소리에 맞춰 다양한 춤을 보여 주었어요.

"나는 춤추는 것을 좋아해. 또 친구들을 웃겨 주는 것도 잘해. 화가 나거나 기분이 안 좋을 때면 언제든지 나한테 와. 내가 열심히 웃겨 줄게. 그리고 멋진 별명도 부탁해!"

무찬이의 자기소개가 끝나자 우렁찬 박수가 쏟아졌어요. 무찬이를 보는 아이들의 눈빛이 처음과는 아주 달라졌어요.

"야, 너 진짜 춤 잘 춘다. 끝내줘!"

"네가 2학년 5반의 그 유명한 오므라이스구나."

"우리 앞으로 친하게 지내자."

무찬이가 자리에 돌아와 앉자, 아이들이 너도나도 무찬이에게 말을 걸어왔어요.

사실 무찬이에게 이런 일은 익숙했어요. 춤을 잘 추고 우스갯소리도 잘해서 항상 친구들한테 인기가 있었어요. 무찬이는 한껏 우쭐해졌지요.

자기소개 시간이 끝나자, 곧바로 짝꿍이 정해졌어요.

"짝꿍은 공평하게 제비뽑기로 정할 거예요. 제비뽑기해서 같은 숫자가 나온 사람끼리 짝꿍이 되는 거예요. 알겠죠?"

아이들은 선생님 말씀에 따라 한 명씩 돌아

가며 제비뽑기 상자에서 번호표를 뽑았어요. 아이들은 원하는 짝꿍을 마음속으로 빌며 신중하게 번호표를 골랐어요.

무찬이도 두근거리는 마음으로 번호표를 뽑았어요. 무찬이가 뽑은 숫자는 12번이었어요. 무찬이는 번호를 확인하고 나서 교실 맨 앞에 앉아 있는 한나를 힐끗 바라보았어요. 무찬이가 춤출 때 열심히 박수를 쳐 주던 한나와 짝꿍이 되면 좋겠다고 생각하면서 말이에요.

"모두 자기 번호를 확인했죠? 이제 선생님이 번호를 부르면 손을 드세요."

반 아이들이 번호표를 다 뽑고 나자, 선생님이 말했어요.

선생님이 번호를 부를 때마다 작은 탄성과 한숨이 번갈아 새어 나왔어요.

"다음은 12번!"

선생님 말씀에 무찬이는 손을 번쩍 들면서 주위를 두리번거렸어요. 누가 같은 번호를 뽑았는지 궁금했거든요. 무찬이와 함께 손은 든 아이는 보담이었어요.

'한보담?'

보담이는 2학년 때 무찬이와 같은 반이었어요. 하지만 무찬이는 2학년 내내 보담이와 말을 해 본 기억이 없었어요. 다른 친구들은 무찬이와 친해지고 싶어 안달이었는데 보담이만은 어쩐지 무찬이에게 관심이 없었으니까요. 그래서 무찬이도 일부러 보담이에게 먼저 말을 걸지 않았어요.

"오무찬과 한보담이 짝꿍이네요. 한 학기 동안 서로 도와주며 사이좋게 지내도록 해요."

무찬이는 책가방을 주섬주섬 챙겨서 보담이 옆에 앉았어요. 보담이는 웃는 얼굴인지 찌푸린 얼굴인지 알 수 없는 표정으로 무찬이를 한번 보더니 고개를 휙 돌려 버렸어요. 무찬이도 보담이에게 인사를 하려다 무안해져서 앞만 쳐다보았어요.

미안해, 깜빡했어!

　새 학기가 빠르게 지나갔어요. 그 사이, 무찬이는 반에서 가장 인기 있는 아이가 되었어요. 반 아이들은 쉬는 시간이면 무찬이 주변으로 모여들었어요. 아이들은 무찬이가 무슨 말을 하든 깔깔깔 웃음을 터뜨렸어요. 딱 한 사람, 짝꿍 보담이만 빼고 말이에요.

　하지만 항상 친구들에게 둘러싸여 지내는 무찬이는 보담이에게 관심도 없었어요. 보담이가 있든 없든 무찬이는 학교생활이 그저 즐겁기만 했어요.

어느 토요일 오후였어요. 무찬이는 엄마, 아빠가 외할머니 집에 김치를 가지러 간 사이에 컴퓨터 게임에 빠져 있었어요.

"끙끙……"

그런데 또또가 자꾸 무찬이의 발 주변을 맴돌며 얼굴을 비볐어요.

무찬이는 또또가 왜 그러는지 알고 있었어요. 밖에 나가자고 조르는 것이었어요.

"잠깐만, 이것만 끝내고. 조금만 기다려."

무찬이는 게임에서 눈을 떼지 않으며 말했어요. 하지만 또또는 계속 무찬이의 발을 비비며 끙끙거렸어요.

"야! 너 때문에 집중할 수가 없잖아! 가만히 좀 있어!"

무찬이는 또또가 거슬려서 버럭 소리를 질렀어요.

또또는 그제야 무찬이 발 옆에 조용히 엎드렸어요. 그리고 한숨을 푹 쉬며 애처로운 눈으로 무찬이를 올려다보았어요. 하지만 게임에 정신이 팔린 무찬이는 또또를 거들떠보지도 않았어요.

무찬이는 게임을 다 끝내고도 또또와 나가지 않았어요. 무찬이가 좋아하는 텔레비전 프로그램을 봐야 했기 때문이에요.

"에이, 귀찮아. 내일 데리고 나가면 되지, 뭐."

무찬이는 또또와 산책하러 나가는 것을 내일로 또다시 미루었어요.

그러나 일요일에는 사촌들과 노느라 또또와 산책하러 나갈 시간이 없었어요. 결국 또또는 주말이 다 가도록 무찬이와 밖에 나가지 못했지요.

"무찬아, 지각하겠다! 이제 그만 일어나!"

월요일 아침은 언제나처럼 엄마의 잔소리로 시작되었어요. 무찬이는 엄마가 몇 번을 깨워서야 겨우 일어나 학교에 갈 준비를 했어요.

"너, 주말에 또또랑 산책했니?"

엄마가 무찬이의 아침밥을 챙겨 주며 물었어요.

무찬이는 또 꿀 먹은 벙어리가 되었지요.

"후유, 또또 데리고 올 때 약속했잖아. 또또 산책은 네가 꼭 시켜 줄 거라고. 네 방 청소도 마찬가지야. 주말에는 무슨 일이 있어도 방 청소는 네가 하겠다고 해 놓고 한 번도 제대로 한 적이 없어. 항상 엄마가 너 대신에……."

엄마의 잔소리가 또 시작되었어요. 무찬이는 엄마의 잔소리를 한 귀로 흘리면서 최대한 빨리 아침밥을 먹었어요.

"알았어요, 알았어. 오늘은 꼭 나갈게요."

무찬이는 허둥지둥 가방을 챙겨 들고 집을 빠져나왔어요.

"하나부터 열까지 다 잔소리야. 어휴, 잔소리 대마왕! 내가 이러니까 학교가 더 좋은 거야. 엄마 잔소리가 얼마나 심하면 내가 집보다 학교가 더 좋을까?"

무찬이는 투덜거리며 허겁지겁 학교로 향했어요.

4교시는 미술 시간이었어요. 이번 미술 시간에는 네 명씩 모둠을 지어 모빌을 만들기로 했어요.

"헉, 나 가위 안 가져왔다."

아이들이 준비물을 꺼내는데 무찬이가 머리를 벅벅 긁으며 말했어요.

지난 미술 시간에 모빌을 만들기 위해서 미리 준비물을 하나씩 맡아서 가져오기로 했어요. 그런데 무찬이가 가위를 가져오지 않은 거예요.

"색지를 오려야 하는데 가위가 없으면 어떻게 해?"

한나가 어처구니가 없다는 듯 말했어요.

"미안해. 내가 깜빡했어."

"그럼 진즉에 말을 했어야지. 그랬으면 다른 반에서 빌리기라도 했을 거 아니야."

한나는 눈살을 찌푸리며 투덜거렸어요. 다른 친구들 표정도 좋지 않았어요.

"진짜 미안해. 방금 생각이 났지 뭐야. 내가 가위 할게! 자,

가위."

무찬이는 아이들의 표정을 살피다가 책상 위로 올라가 드러누웠어요. 그리고 자신이 가위인 양 양팔을 몸에 바짝 붙이고 두 발로 색지를 자르는 시늉을 했어요.

"철컥, 철컥! 주인님들, 말만 하세요. 무엇이든 잘라 드리겠습니다."

무찬이의 돌발 행동에 보담이가 웃음을 터뜨렸어요.

"일부러 그런 것도 아닌데 어쩔 수 없잖아. 다른 모둠에서 빌려서 하자."

보담이가 한나를 달래듯 말했어요.

"어휴, 진짜 못 말려."

그제야 뾰로통하던 한나도 피식 웃고 말았어요.

결국 무찬이네 모둠은 가위가 필요할 때마다 다른 모둠에서 빌려 썼어요. 무찬이가 여기저기 다니며 가위를 빌려 오기는 했지만 여간 불편한 게 아니었어요. 다른 아이들이 가위를 다 쓸 때까지 기다렸다가 나중에 써야 했으니까요. 그런 탓에 무

찬이네 모둠만 모빌을 완성하지 못했어요.

사실 무찬이가 무언가를 깜빡하는 일은 이번뿐만이 아니었어요.

무찬이네 반은 일주일마다 한 명씩 돌아가며 쓰레기통을 비웠어요. 하지만 무찬이가 쓰레기통 당번이었을 때에는 쓰레기통이 제때 비워진 적이 없었어요. 무찬이가 쓰레기통 비우는 것을 깜빡하고 그냥 집에 가 버리는 경우가 많았거든요. 무찬이는 다음 날 아침에 반 아이들의 불평을 듣고서야 부랴부랴 쓰레기통을 비우곤 했어요.

무찬이가 과학 시간에 물품 정리를 맡았을 때도 마찬가지였어요. 과학 시간이 끝난 후에 무찬이가 실험 재료를 챙겨서 과학실에 가져다 놓기로 했는데, 실험 재료를 대충 챙기는 바람에 비커를 몇 개 잃어버리고 말았으니까요. 그럴 때마다 무찬이는 재미있는 말이나 웃긴 행동으로 미안한 마음을 표현했어요. 그러면 아이들은 깔깔대고 웃느라 그냥 넘어가곤 했지요.

깜빡하고 만 우유 배달

"이번 우유 당번은 무찬이와 가영이지요? 요즘 날씨가 갑자기 더워져서 우유가 상할 수도 있어요. 그러니까 우유 상자를 늦지 않도록 배달해 주세요."

조회 시간에 선생님이 특별히 당부했어요.

우유 당번은 매일 우유 보관소에서 우유 상자를 반으로 배달하는 일을 했어요. 매일 아침 등굣길에 우유 상자를 가져왔다가, 하굣길에 다시 우유 상자를 우유 보관소에 넣어야 했지요.

처음 며칠 동안, 무찬이와 가영이는 사이좋게 우유 상자를

배달했어요. 그런데 얼마 지나지 않아 가영이 혼자서 우유 상자를 배달하는 일이 많아졌어요. 무찬이가 우유 상자 배달하는 일을 자꾸 깜빡했기 때문이에요. 어떤 날은 학교에 늦게 오느라 못 했고, 어떤 날은 청소가 끝나자마자 먼저 가 버리느라 못 했어요. 그럴 때마다 가영이는 혼자서 우유 상자를 배달해야 했어요.

"오늘도 늦네? 도대체 몇 번째야."

가영이가 투덜거리며 우유 보관소에서 우유 상자를 꺼냈어요. 반 아이들의 우유가 가득 담긴 우유 상자는 가영이 혼자 들기에는 너무 무거웠어요. 가영이는 끙끙거리며 힘들게 우유 상자를 반으로 가지고 갔어요.

가영이가 우유 상자를 가져다 놓은 후, 한참 만에야 무찬이가 나타났어요.

"모두들 안녕하신가?"

무찬이는 언제나처럼 우스꽝스러운 인사를 하면서 교실로 들어섰어요.

"오무찬! 너 왜 자꾸 늦는 거야?"

가영이가 무찬이를 보자마자 따지듯 물었어요.

"아, 맞다! 우유 배달!"

무찬이는 그제야 우유 배달 당번이라는 사실이 생각났어요.

"어떡하냐? 나 또 깜빡했다! 미안해. 진

짜 미안해."

"깜빡하는 것도 한두 번이지. 이게 도대체 몇 번째야!"

가영이는 화가 난 얼굴로 무찬이에게 쏘아붙였어요.

반 아이들이 무슨 일인가 싶어 무찬이와 가영이를 쳐다보았어요.

"소인 죽을죄를 지었습니다! 입이 백 개라도 할 말이 없습니다! 공주님 처분에 따르겠습니다."

무찬이는 가영이의 마음을 풀어 주려고 사극 드라마의 말투를 흉내 내며 가영이 앞에 납작 엎드렸어요. 하지만 화가 잔뜩 난 가영이는 쉽게 풀어지지 않았어요.

"주인님, 제가 잘못했어요. 다시는 안 그럴게요. 한 번만 용서

해 주세요. 네?"

무찬이는 이번에는 강아지처럼 두 손을 앞으로 모으고 가영이를 쳐다보며 눈을 끔뻑거렸어요.

무찬이의 행동에 주변 아이들이 쿡쿡거리며 웃어 댔어요. 하지만 가영이는 여전히 웃지 않았어요.

"에이, 너 진짜 화났구나. 진짜 미안해. 내일부터는 내가 혼자 다 할게. 너는 아무것도 하지 마. 그러니까 화 풀어라."

무찬이는 가영이의 화를 풀어 주려고 애썼어요. 보다 못한 주변 아이들이 나섰어요.

"무찬이가 저렇게 미안해하는데 이제 화 풀어라."

"내일부터는 무찬이가 다 하겠다잖아. 너도 편하고 좋지, 뭘 그래."

아이들 성화에 가영이는 겨우 화를 풀었어요.

"너 진짜 내일부터 잊지 말고 꼭 우유 배달해야 해."

"당연하지! 이번에는 절대 잊지 않을 테니까 걱정하지 마."

가영이 말에 무찬이는 자신 있게 고개를 끄덕거렸어요.

그날 저녁, 무찬이는 오랜만에 일찍 들어온 부모님과 함께 저녁을 먹었어요.

"요새 또또가 자꾸 아무 데서나 오줌을 싸네. 왜 그러지?"

엄마가 밥을 먹다가 또또를 쳐다보며 말했어요. 그 소리에 또또가 식탁으로 뛰어와 꼬리를 흔들었어요.

"그러게. 집에 데리고 올 때부터 배변은 똑똑하게 잘하던 녀석인데 말이야."

아빠가 고개를 갸웃거리며 또또의 머리를 쓰다듬었어요.

"에이, 몇 번 실수한 거지. 우리 또또가 얼마나 똑똑한데!"

무찬이는 말도 안 된다는 듯 또또를 안으며 말했어요.

"그러게 말이다. 똑똑한 또또가 왜 그러는지 모르겠네. 어디 아픈 건 아니겠지?"

엄마는 걱정스러운 표정으로 또또를 바라보았어요.

"이렇게 건강한데 어디가 아파? 우리 또또 앞으로는 안 그럴 거지, 응?"

무찬이는 또또를 껴안고 얼굴을 비비며 말했어요. 또또도 알

겠다는 듯 꼬리를 살랑거리며 무찬이의 얼굴을 핥았어요.

그런데 그날 밤에 또또가 또 거실에 오줌을 싸 놓았어요.

"얘가 전에 없이 왜 그러지, 정말? 또또, 너 자꾸 아무 데나 실례할래?"

엄마가 걸레로 거실을 닦으며 또또를 야단쳤어요.

또또는 엄마 눈치를 보며 구석에서 몸을 벌벌 떨었어요. 꼭 배변 패드에만 볼일을 보던 또또가 갑자기 왜 그러는지 알 수가 없었어요.

다음 날, 무찬이는 늦잠을 자고 말았어요. 전날 밤에 또또가 잠을 자지 않고 자꾸 놀아 달라고 보채는 바람에 온 식구들이 잠을 푹 자지 못한 탓이었어요. 무찬이는 아침밥도 먹는 둥 마는 둥 헐레벌떡 집을 나섰어요.

겨우 지각을 면하고 실내화를 갈아 신는데, 퍼뜩 우유 배달 생각이 났어요.

'맞다! 우유 상자 가지러 가야 하는데!'

하지만 우유 상자를 가지러 간 사이에 담임 선생님이 오실

것 같았어요. 담임 선생님은 아이들이 지각하는 것을 무척 싫어했어요.

'에라, 모르겠다. 1교시 끝나고 가져오면 되지 뭐.'

무찬이는 실내화를 갈아 신고 부리나케 교실로 뛰어갔어요.

하지만 무찬이는 1교시가 끝나고도 우유 상자를 가지러 가지 않았어요.

"이것 봐라! 내가 옆 동네 문구점까지 가서 사 온 거다."

쉬는 시간에 재민이가 고무 딱지를 자랑했기 때문이에요.

"우아, 이걸 구하다니! 너 이제 딱지란 딱지는 다 긁어모으겠구나."

무찬이는 고무 딱지를 구경하느라 정신이 팔려 우유 배달은 안중에도 없었어요.

"저기, 무찬아! 우유 가지러 안 가?"

보담이가 걱정스러운 얼굴로 무찬이를 불렀지만, 무찬이는 고무 딱지에 빠져 보담이 말이 귀에 들어오지 않았어요.

그다음 시간에도, 그다음 시간에도, 무찬이는 우유 배달을 까

많게 잊어버렸어요.

그런데 5교시 체육 시간이 끝나자, 누군가 소리쳤어요.

"아, 덥다! 우유 당번, 오늘은 우유 안 오는 날이야?"

"아이쿠! 깜빡했다!"

무찬이는 그제야 허둥지둥 우유 보관소로 달려갔어요. 우유

보관소에는 우유 상자가 딱 하나 남아 있었어요. 바로 무찬이네 반 우유 상자였어요. 무찬이는 잽싸게 우유 상자를 꺼내서 허겁지겁 교실로 뛰어갔어요.

"얘들아, 우유 왔다! 우유 먹어! 늦어서 미안해!"

무찬이가 우유 상자를 내려놓으며 소리쳤어요.

상한 우유 때문이야!

다음 날, 어쩐 일인지 조회 시간이 다 되도록 반장 새미가 오지 않았어요.

"반장이 왜 이렇게 늦지?"

"가영아, 너 몰라? 네가 새미랑 제일 친하잖아."

하지만 가영이도 새미가 늦는 이유를 몰랐어요.

잠시 후, 선생님이 들어오셨어요.

"새미가 식중독에 걸려서 오늘 학교를 못 나온다고 해요. 어제 상한 음식을 잘못 먹었나 봐요. 요즘 날이 더워서 음식이 상하기 쉬우니까 여러분도 조심하세요."

그러자, 한 아이가 놀란 목소리로 말했어요.

"어? 나도 어제 배탈 나서 약 사 먹었는데?"

갑자기 아이들이 여기저기서 웅성거리기 시작했어요.

"나도 어제 배 아파서 혼났어."

"너도? 나도! 어제 내내 화장실을 들락거렸다니까."

아이들 얘기에 선생님이 놀랐어요.

"배탈 난 사람이 왜 이렇게 많아? 어제 배탈이 나서 아팠던 친구들 손 들어 보세요."

선생님 말씀에 아이들이 너도나도 손을 들었어요.

"우리 반 아이들만 배탈이 났다니 정말 이상하구나."

선생님이 당황해서 중얼거렸어요.

한 아이가 손을 번쩍 들며 말했어요.

"선생님, 어제 우리가 마신 우유가 상해서 그런 것 같아요!"

"그게 무슨 소리니?"

선생님이 영문을 몰라 물었어요.

"어제 우유 당번이 우유를 늦게 가져오는 바람에 5교시 끝나고 우유를

마셨거든요. 그때 마신 우유가 상했던 것 같아요."

아이들이 또 여기저기서 웅성거렸어요.

"맞아! 어제 우유 맛이 좀 이상했어."

"응, 뜨뜻미지근하니 맛이 좀 이상한 것 같았다니까."

무찬이는 가슴이 철렁 내려앉았어요.

아이들 말에 선생님 얼굴이 어두워졌어요.

"우유 당번 일어서요."

무찬이와 가영이가 눈치를 보며 자리에서 우물쭈물 일어났어요.

"어제 5교시가 넘을 때까지 우유 상자를 가져다 놓지 않은 이유가 뭐니?"

선생님이 엄한 목소리로 물었어요.

가영이가 원망스러운 눈으로 무찬이

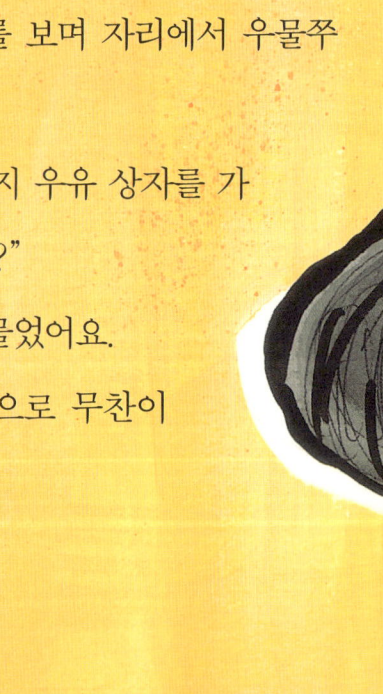

를 힐끗 쳐다보았어요.

"죄송해요. 제가 우유 배달하는 것을 깜빡했어요."

무찬이는 기어들어 가는 목소리로 대답했어요.

"날이 더우니까 우유 배달에 신경 쓰라고 선생님이 당부하지 않았니? 맡은 일은 책임감을 느끼고 해야지. 너희가 우유 배달을 소홀히 하는 바람에 친구들이 배탈이 나서 아팠잖아. 자신이 맡은 책임을 다하지 않으면 자신이 피해를 보는 것은 물론이고 다른 사람들에게도 피해를 주는 거야."

선생님의 불호령에 무찬이는 어깨가 움츠러들었어요.

유난히 길었던 조회 시간이 가까

스로 끝났어요. 선생님이 나가자, 아이들이 삼삼오오 모여 수군거리기 시작했어요.

"무찬이 때문에 괜히 가영이까지 야단맞았잖아."

"자기가 가영이 대신 우유 배달할 거라고 그렇게 큰소리치더니."

"나 진짜 어제 배 아파서 죽을 뻔했는데."

"쟤 때문에 우리 반 애들이 상한 우유를 마신 거 아냐? 진짜 무책임해."

무찬이는 반 친구들에게 미안해서 얼굴을 들 수가 없었어요. 정말 쥐구멍이라도 있으면 숨고 싶은 마음이었어요.

그 일이 있고 난 뒤, 아이들이 무찬이를 대하는 태도가 달라졌어요. 무찬이 말이라면 깔깔거리며 웃어 대던 여자아이들이 무찬이

에게 말도 걸지 않았어요. 어떤 놀이든지 무찬이를 일 순위로 끼워 주던 남자아이들도 무찬이를 빼고 놀 때가 많았어요. 그럴 때마다 무찬이는 반 아이들에게 섭섭했어요.

'그렇게 미안하다고 사과했는데 진짜 너무한다. 내가 일부러 그런 것도 아닌데 말이야. 내가 좋다고 그렇게 따라다니더니 어떻게 저렇게 변해?'

무찬이는 전에 없이 혼자 있을 때가 많아졌고 학교에 가는 것이 더 이상 즐겁지 않았어요.

그러던 어느 사회 시간이었어요.

"우리 마을 사람들의 직업을 조사해서 다음 주에 모둠별로 발표하는 시간을 가질 거예요. 각 모둠은 서로 협동해서 발표 준비를 잘해 오세요."

사회 시간이 끝나 갈 무렵, 선생님이 모둠 숙제를 내주었어요. 무찬이는 짝꿍 보담이, 뒷자리에 앉은 강결이, 한나와 한 모둠이 되었어요.

모둠이 정해지자, 발표를 어떻게 준비할지 토론이 벌어졌어요. 사회 시간이 끝났는데도 무찬이네 반은 모둠 숙제에 관한 이야기로 소란스러웠어요. 무찬이 모둠은 토요일까지 각자 동

네 사람들의 직업을 다섯 개씩 조사하기로 했어요. 그리고 일요일에 모여서 다 같이 발표 자료를 만들기로 했지요.

"자, 못다 한 이야기는 모둠끼리 모여서 하고 이제 청소 시작하세요."

선생님 말씀에 아이들은 그제야 책가방을 정리하고 청소 준비를 시작했어요.

"무찬이랑 같은 모둠이라서 짜증 나겠다. 쟤 나중에 또 깜빡했다고 숙제 안 해 오는 거 아니야?"

한나 뒷자리에 앉은 가영이가 한나 귀에 대고 수군거렸어요. 무찬이는 책가방을 정리하다가 가영이 말을 듣고 움찔했어요. 얼굴이 화끈거려 고개를 들 수가 없었어요.

"다 들리겠다."

한나가 당황하며 작은 목소리로 말했어요.

"들으면 어때? 내가 없

상한 우유 때문이야! 47

는 말 하는 것도 아니고. 쟤 때문에 우리 반 애들이 식중독에 걸려서 얼마나 고생했니?"

하지만 가영이는 아랑곳하지 않고 입을 비죽거렸어요.

무찬이는 가방을 정리하다 말고 얼른 일어서서 빗자루를 꺼내러 갔어요.

또또야, 미안해

학교가 끝나고 무찬이는 혼자서 터덜터덜 집으로 향했어요. 삼삼오오 짝을 지어 가는 다른 친구들을 보니 어쩐지 기분이 쓸쓸했어요.

"오무찬!"

그때, 누군가 무찬이의 이름을 불렀어요. 무찬이가 깜짝 놀라 돌아보니 짝꿍 보담이었어요.

"같이 가자."

보담이가 무찬이 옆으로 다가오며 말했어요. 무찬이는 놀라

고 당황해서 고개만 끄덕였어요.

둘은 한동안 말없이 그냥 걷기만 했어요.

"사회 모둠 숙제 말이야. 너는 어떤 직업을 조사할 거야?"

한참 만에야 보담이가 물었어요.

"왜? 너도 내가 숙제 안 할까 봐 걱정돼서 그래?"

무찬이는 보담이 말에 화가 나서 쏘아붙이듯 물었어요. 가영이처럼 자기를 비꼬는 것 같았어요.

"아니야, 절대 그런 거 아니야. 내가 숙제할 게 걱정이라서 그래. 너는 누구한테나 말도 잘하고 재미있으니까 조사도 잘할 거 아냐."
보담이가 놀라서 손사래를 쳤어요.
"미안해. 애들한테 자꾸 나쁜 말만 들으니까, 네 말도 비꼬는 것처럼 느껴졌어."
무찬이는 그제야 풀은 죽은 목소리로 사과했어요.

그러자 보담이가 갑자기 걸음을 멈추더니 전에 없이 큰 소리로 말했어요.

"지난번 우유 사건 때문에 애들이 아직 화가 덜 풀려서 그런 거야. 다들 너를 얼마나 좋아했는데? 너를 많이 좋아해서 실망이 더 컸을 거야. 네가 달라진 모습을 보이면 반 애들도 금세 다시 널 좋아할걸? 진짜야!"

보담이가 그렇게 큰 목소리로 말하는 것은 처음이었어요.

보담이 말을 들으니 무찬이는 무거웠던 마음이 조금은 가벼워지는 것 같았어요.

"나는 여기 건너가야 해. 내일 보자!"

사거리가 나오자, 보담이는 무찬이에게 인사를 하고 횡단보도를 뛰어갔어요. 무찬이는 뛰어가는 보담이를 한참이나 바라보았어요. 처음으로 먼저 다가와서 말을 걸어 준 보담이가 무척 고맙게 느껴졌어요.

그날 저녁, 학원에 다녀오니 엄마, 아빠가 일찍 들어와 있었어요.

"왕왕!"

또또는 언제나처럼 꼬리를 흔들며 무찬이를 반겨 주었어요. 무찬이는 현관에 들어서면서 또또부터 안았어요.

"오늘 또또 데리고 동물병원에 갔는데, 또또가 아무 데나 오줌을 싸는 게 스트레스를 받아서래."

엄마가 말했어요.

"스트레스? 무슨 스트레스?"

무찬이가 의아해서 물었어요.

"원래 또또는 사냥개라서 밖에서 뛰어놀아야 한대. 그런데 매일 집에만 갇혀 있어서 스트레스를 많이 받았대. 마음의 병을 얻은 거야."

엄마 말에 무찬이는 가슴이 철렁했어요.

또또는 무찬이 품에 안겨 무찬이의 뺨을 연신 핥았어요.

"네가 또또 산책시키겠다고 다짐해서 또또를 데리고 왔던 거 기억하지?"

아빠가 물었어요.

무찬이는 말없이 고개를 끄덕였어요.

"또또가 밖에 나가지 못해서 마음의 병을 얻었다니, 또또가 마음껏 뛰어놀 수 있는 곳으로 보내는 게 좋을 것 같다."

아빠 말에 무찬이는 또또를 꼭 끌어안으며 소리쳤어요.

"안 돼요! 절대 안 돼요! 내가 꼭꼭 산책시킬게요!"

하지만 엄마가 단호한 목소리로 말했어요.

"너는 항상 말뿐이잖아. 그동안 네가 또또를 산책시키겠다고 해 놓고 안 한 게 몇 번이야? 엄마, 아빠도 식당 일이 바빠서 또또를 따로 산책시켜 줄 수 없으니 어쩔 도리가 없어. 또또가 우리 집에 있는 게 행복하지 않다면 또또를 행복하게 해 줄 좋은 주인을 찾아 주는 게 맞다고 생각해."

"안 돼요! 제발요. 진짜 이번에는 꼭 약속 지킬게요. 제가 매일 또또 산책시킬 거예요."

무찬이는 엄마, 아빠에게 매달리며 애원했어요.

그러자, 아빠가 잠시 고민하더니 말했어요.

"좋아. 그러면 이렇게 하자. 너한테 한 번만 더 기회를 줄게. 앞으로 또또 산책시키는 것을 소홀히 하면 그때는 바로 좋은 주인을 찾아 주는 걸로 하자."

"네, 그럴게요. 내가 꼭꼭 산책시킬 거예요."

무찬이는 당장에 또또를 데리고 산책을 나왔어요. 또또는 밖에 나와서 기분이 좋은지 사방으로 껑충껑충 뛰어다녔어요. 또또가 좋아하는 모습을 보니,

무찬이는 또또에게 정말 미안했어요.
'자신이 맡은 책임을 다하지 않으면 자신이 피해를 보는 것은 물론이고 다른 사람들에게도 피해 주는 거야.'
문득 우유 사건 때 선생님이 했던 말이 떠올랐어요. 그때는 친구들에게 미안하고 부끄러운 마음에 선생님 말씀이 무슨 뜻인지 생각해 보지 못했어요. 그런데 이

번에도 똑같은 일이 생기자, 그제야 선생님 말씀이 무슨 뜻인지 알 것 같았어요. 무찬이는 맡은 일을 책임감 있게 하는 것이 얼마나 중요한 것인지 깨닫게 되었어요.

그동안 자신의 잘못은 모르고, 반 친구들을 원망하기만 했던 것이 부끄러웠어요.

"진짜 미안해. 내가 앞으로 잘할게. 그러니까 얼른 나아."

무찬이는 또또를 꼭 껴안으며 말했어요.

다시 생긴 친구들

다음 날부터 무찬이는 학교에서 돌아오면 동네 가게 여기저기를 찾아다녔어요. 동네 사람들의 직업을 조사하기 위해서였어요.

"안녕하세요? 저는 해오름초등학교에 다니는 3학년 오무찬이라고 합니다. 우리 동네

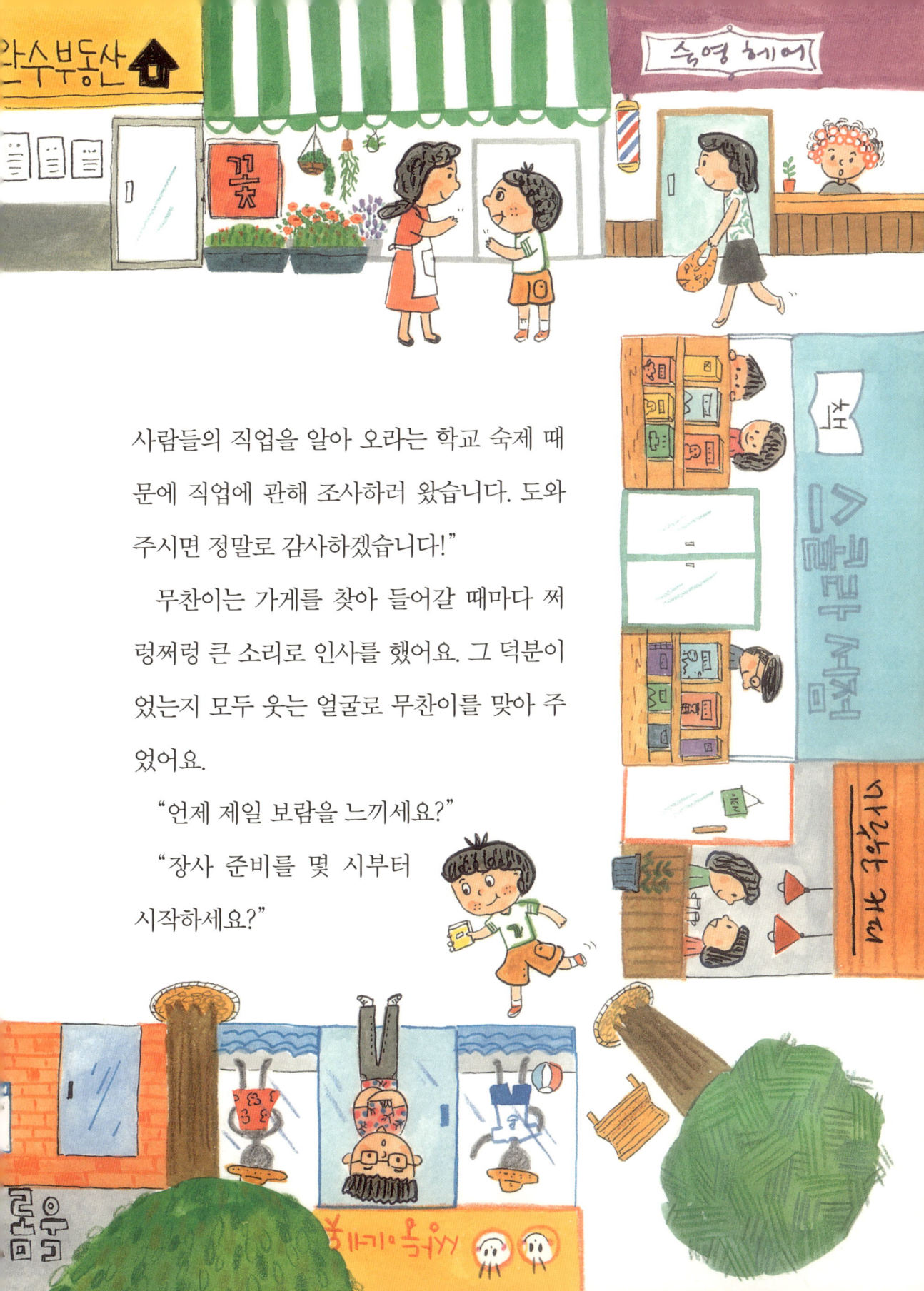

사람들의 직업을 알아 오라는 학교 숙제 때문에 직업에 관해 조사하러 왔습니다. 도와주시면 정말로 감사하겠습니다!"

무찬이는 가게를 찾아 들어갈 때마다 쩌렁쩌렁 큰 소리로 인사를 했어요. 그 덕분이었는지 모두 웃는 얼굴로 무찬이를 맞아 주었어요.

"언제 제일 보람을 느끼세요?"

"장사 준비를 몇 시부터 시작하세요?"

"일할 때 가장 힘든 점은 뭐예요?"

무찬이가 질문을 할 때마다 동네 사람들은 자세히 대답해 주었어요. 무찬이도 동네 사람들 말에 맞장구를 쳐 가며 열심히 받아 적었어요.

어느새 직업 조사 기록장이 빼곡하게 들어찼어요. 그렇게 열심히 숙제를 한 적은 처음이었어요. 무찬이는 누구보다 숙제를 잘해서 모둠 친구들에게 보여 주고 싶었어요.

또또와 함께 산책하는 것도 잊지 않았어요. 또또는 산책을 나오면 신이 나서 쉴 새 없이 뛰어다녔어요.

"이렇게 좋아하는 걸 그동안 못 해 줘서 미안해. 앞으로는 자주 같이 나오자."

무찬이는 또또의 머리를 쓰다듬으며 말했어요.

무찬이가 또또와 산책하러 다닌 뒤부터, 신기하게도 또또는 아무 데나 오줌 싸는 일이 점점 없어졌어요. 무찬이가 또또를 꼬박꼬박 산책시켜 주자, 엄마, 아빠도 무찬이를 대견해했어요.

모둠 숙제를 하기 위해 보담이네 집에서 모이기로 한 날이 되었어요. 무찬이는 그동안 조사한 기록장을 챙겨 들고 보담이네 집으로 향했어요. 글씨가 빼곡한 기록장을 보니 마음이 그렇게 뿌듯할 수가 없었어요.

"직업 조사는 다 했어? 나는 다섯 개 채우느라 진짜 힘들었는데."

아이들이 다 모이자, 한나가 무찬이를 힐끗 바라보며 말했어요. 한나 말에 무찬이는 기록장을 자신 있게 내놓았어요. 강결이도 숙제를 내놓으며 직업 조사를 하다가 있었던 일을 자랑스럽게 늘어놓았어요. 그런데 보담이만 우물거리며 제대로 말을 하지 못했어요.

"미안해. 나는 세 개밖에 못 했어……."

보담이가 풀이 죽은 목소리로 말했어요.

내성적인 보담이는 낯선 사람과 이야기하는 것에 용기가 나지 않았어요. 숙제를 하려고 몇 번이나 동네 가게 문 앞까지 갔다가 그냥 돌아오곤 했어요. 그나마 조사해 온 직업들은 아빠와 친척들의 직업이었어요.

"발표 자료에 넣어야 하는데 나머지 두 개는 어떻게 해?"

한나가 난처한 목소리로 말했어요. 보담이는 얼굴이 새빨개져 어쩔 줄을 몰라 했어요. 무찬이는 그런 보담이가 안쓰러웠어요.

"내가 지금 나가서 조사해 올게! 나는 조사하러 다니는 거

재미있거든."

무찬이가 말했어요. 아이들 눈이 휘둥그레졌어요.

"나도 같이 갈게. 원래 내가 해야 하는 거잖아. 질문은 못 하지만 받아 적는 건 내가 할게."

보담이는 고마워하며 무찬이와 함께 가겠다고 했어요.

"우리 둘이 남아서 뭐해? 그냥 다 같이 다녀오자."

그러자 한나와 강결이도 따라 일어났어요. 결국 아이들 모두 무찬이와 함께하기로 했어요.

무찬이와 아이들이 찾아간 곳은 경찰서였어요.

"경찰관 아저씨들이 우리 부탁을 들어줄까?"

보담이가 걱정스러운 목소리로 중얼거렸어요.

"나는 좀 무서운데……."

강결이도 무찬이 눈치를 보며 말했어요.

"괜찮아. 나한테 맡겨."

무찬이는 당당하게 경찰서 문을 열고 들어갔어요. 아이들도

 # 경찰

쭈뼛거리며 무찬이를 따라 들어갔어요.

"안녕하십니까? 저희는 해오름초등학교에 다니는 3학년 2반 학생들입니다. 우리 동네 사람들의 직업을 알아 오라는 학교 숙제 때문에 직업에 관해 조사하러 왔습니다. 도와주시면 정말로 감사하겠습니다!"

무찬이가 경찰서가 떠나갈 듯 쩌렁쩌렁한 목소리로 인사했어요. 무찬이 목소리에 경찰관들이 일제히 무찬이와 아이들을 바라보았어요.

"고놈 목소리 한번 크다. 그래, 뭐가 궁금한데?"

한 경찰관이 물었어요.

믿음직한 경찰 안전한 나라
POLICE

"존경하고 존경하는 경찰관이 어떤 일을 하는지 자세히 알고 싶습니다! 잠깐 시간을 내주시면 서비스로 안마를 해 드리겠습니다."

무찬이가 능글능글 웃으며 대답했어요.

무찬이 말에 경찰관들이 웃음을 터뜨렸어요.

"허허허, 내가 마침 어깨가 뻐근했는데 잘됐구나."

머리가 희끗희끗한 경찰관이 기꺼이 시간을 내주었어요. 무찬이와 아이들은 친절한 경찰관의 도움으로 경찰에 관한 직업 조사를 마칠 수 있었어요.

용기를 얻은 아이들은 다음으로 소방서를 찾아갔어요. 소방서에서도 무찬이의 활약 덕분에 재미있게 조사를 마쳤어요.

"경찰관이랑 소방관이라는 직업을 조사해 온 모둠은 우리밖에 없을 거야."

강결이와 한나가 신이 나서 말했어요.

"무찬아, 고마워. 너 아니었으면 못 했을 거야."

보담이는 무찬이에게 무척 고마워했어요.

"맞아! 무찬이 아니었으면 우리가 여기에 올 생각을 어떻게 했겠어."

강결이가 맞장구를 쳤어요.

친구들의 칭찬에 무찬이는 어깨가 으쓱해졌어요.

"이제 우리 빨리 가서 발표 자료 만들자!"

아이들은 숙제를 마치기 위해 다시 보담이네 집으로 우르르 몰려갔어요.

드디어 발표 날이 되었어요. 반 아이들은 차례로 동네 직업들을 소개하고, 직업을 조사하면서 느낀 점을 발표했어요. 발표가 끝나자, 선생님이 말했어요.

"모두 열심히 준비해 왔네요. 발표를 준비하면서 직업이 아주 다양하고, 우리 동네에 많은 사람들이 얼마나 열심히 일하고 있는지 알게 되었을 거예요. 자, 그럼 오늘 발표한 모둠 중에서 잘했다고 생각하는 모둠은 어느 모둠인가요?"

선생님 질문에 반 아이들이 일제히 무찬이네 모둠을 지목했어요.

"선생님이 보기에도 그런 것 같아요. 다양한 직업을 조사해서 발표 자료를 아주 보기 좋게 정리했어요. 모둠 친구들끼리 잘 협력해서 완성한 것 같아요."

선생님 칭찬에 무찬이네 모둠 아이들은 서로 바라보며 미소를 지었어요.

사회 시간이 끝나자, 아이들이 무찬이네 모둠으로 모여들었어요.

"너희, 진짜 준비 많이 했구나."

"어떻게 경찰서랑 소방서에 찾아갈 생각을 했어?"

아이들이 부러운 듯 한마디씩 했어요.

그때, 가영이가 끼어들며 말했어요.

"무찬이랑 같은 모둠이라 힘들었겠다. 또 깜빡했다고 핑계 대고 숙제도 안 한 거 아냐?"

그러자 갑자기 보담이가 벌떡 일어나 큰 소리로 말했어요.

"경찰서랑 소방서에 가서 직업 조사한 게 무찬이야. 내가 직업 조사를 다 못 해서 무찬이가 도와준 거야. 무찬이가 얼마나 열심히 했는데. 안 그러니, 한나야?"

"응, 무찬이 아니었으면 우리 숙제 못 할 뻔했어."

한나가 고개를 끄덕이며 맞장구를 쳤어요.

"무찬이 덕에 우리가 얼마나 재미있게 했다고. 숙제하다가 배꼽 떨어지는 줄 알았다니까. 우리처럼 재미있게 숙제한 모둠은 아마 없을걸."

강결이도 보담이 말을 거들었어요.

모둠 친구들 칭찬에 무찬이는 얼굴이 새빨개졌어요. 무찬이는 자기 편을 들어 주는 친구들이 참 고마웠어요.

교실 청소가 끝나자, 보담이가 모둠 친구들에게 말했어요.

"엄마가 떡볶이 해 주신다고 너희 다 데리고 오래. 우리 집에 같이 가자."

"우아!"

한나와 강결이가 기뻐하며 환호성을 질렀어요.

"무찬이 너도 갈 거지?"

보담이가 무찬이를 돌아보며 물었어요. 무찬이는 대답 대신 고개를 끄덕였어요.

무찬이는 오랜만에 친구들과 어울려 학교를 나섰어요. 옆에서 아이들이 떠드는 소리가 얼마나 반가운지 몰랐어요.

"아까 내 편 들어 줘서 고마워."

무찬이가 보담이한테 말했어요.

"아니야! 없는 말 한 것도 아닌데. 네 덕분에 숙제도 잘하고 내가 더 고맙지."

보담이가 빨개진 얼굴로 손사래를 치며 대답했어요.

"야, 빨리 와! 초록불이잖아!"

그때, 앞서 가던 한나와 강결이가 뒤를 돌아보며 소리쳤어요.

"빨리 가자."

무찬이는 보담이 손을 잡고 아이들을 향해 뛰었어요.

좋은 친구들이 다시 생긴 것 같아서 뛸 듯이 기뻤어요.

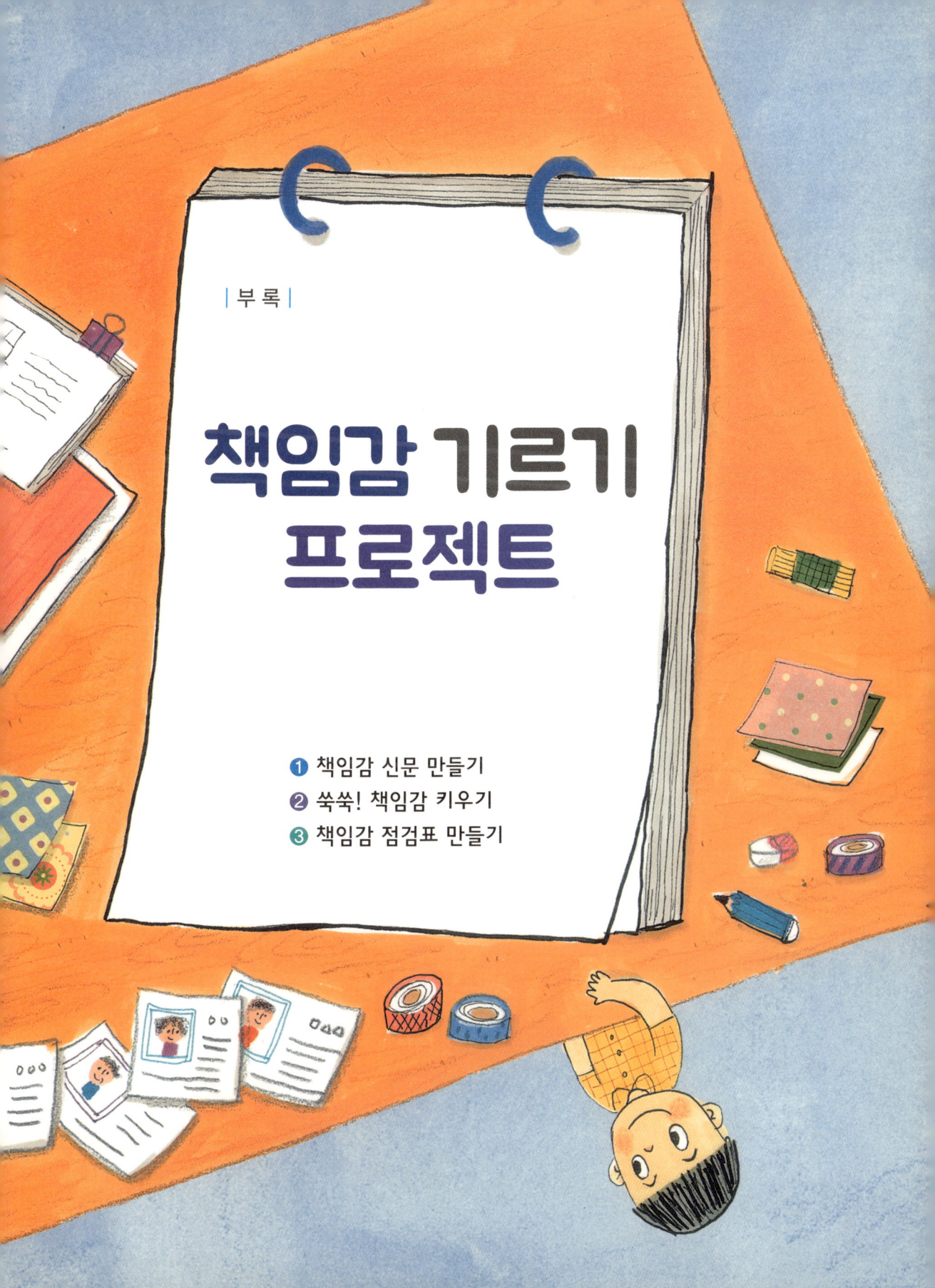

프로젝트 1

책임감 신문 만들기

기자가 되어서 책임감 신문을 만들어 보아요. 동화나 신문을 보고 책임감이 있는 사람과 책임감이 없는 사람을 찾아보아요. 그리고 책임감이 있는 사람과 그렇지 않은 사람의 기사를 적어 보세요. 신문을 만드는 동안, 책임감 있는 태도가 얼마나 중요한지 알 수 있을 거예요.

책임감 신문 만드는 방법

목표 책임감 있는 사람과 그렇지 않은 사람에 관한 신문을 만들어 보면서 책임감이 얼마나 중요한지 배운다.

준비물 신문, 위인전, 가위, 풀, 연필.

방법

❶ 신문이나 동화 등을 읽으면서 책임감 있는 사람에 관한 기사나 이야기를 찾아봅니다. 또 책임감 없는 사람에 관한 기사와 이야기도 찾아보세요.

❷ 모은 자료를 가지고 신문 기사를 만들어 보세요.

❸ 신문에서 기사를 오려 붙여도 좋아요.

책임감 신문

031-936-4000   www.wisdomhouse.co.kr

서울 32°C 맑음

0427호

날짜: _____ 년 ____ 월 ____ 일

책임감 있는 사람에 관한 기사 제목

내용:

책임감 있게 행동한 결과:

책임감 없는 사람의 기사 제목

내용:

책임감 없게 행동한 결과:

쑥쑥! 책임감 키우기

신문을 만들면서 어떤 생각이 들었나요? 나는 책임감이 있는 사람인가요, 아니면 책임감이 부족한 사람인가요? 책임감을 키우기 위해서는 스스로 노력하는 것도 중요해요. 다음에서 알려 주는 것들을 실천해 보세요. 나도 모르는 새에 책임감이 쑥쑥 자라날 거예요.

일을 미루지 않아요

매일 써야 하는 일기를 미루다가 나중에 한꺼번에 쓰느라 힘들었던 경험이 있을 거예요. 책임감 없는 사람이 가장 잘하는 일은 오늘 일을 내일로 미루는 거예요. 하지만 일을 미룬다고 해서 그 일이 없어지거나, 하기 쉬워지는 것은 아니에요. 오히려 일이 밀려서 해야 할 것이 더 많아지지요. 이왕 해야 할 일이라면 제때 하는 것이 좋아요.

목표를 세워요

책임감이 없는 사람은 생각만 하고 행동으로 옮기지 않는 경우가 많아요. '난 책임감 있는 사람이 될 거야'라고 생각했다면 구체적인 목표를 세워 보세요. 예를 들면, 밤에 책가방 미리 싸 놓기, 3일마다 화분에 물 주기, 매일 줄넘기하기 등의 목표 말이에요. 목표를 세웠으면 종이에 적어서 책상 앞에 붙여 두고 실천해 보세요. 단, 어려운 목표가 아니라 하기 쉬운 작은 목표부터 하나씩 해내는 습관을 길러야 해요.

핑계를 대지 않아요

책임감이 없는 사람은 자신의 잘못을 인정하지 않고 꼭 핑계를 대요. 예를 들어, 학교에 지각했다면 엄마가 늦게 깨운 탓이 아니에요. 내가 늦게 일어났거나, 늑장을 부렸기 때문이에요. 자신이 하지 못한 일은 핑계를 대지 말고 잘못을 인정하세요. 그리고 왜 하지 못했는지 곰곰이 생각해 봐야 해요. 그래야 똑같은 실수를 반복하지 않겠지요?

내 물건을 소중히 여겨요

책임감을 기르기 위해서 제일 먼저 해야 하는 일은 내 물건을 소중히 여기는 것이에요. 물건을 잘 잃어버리거나, 망가뜨리는 일이 많다면 생각해 보세요. 내 물건에 대해 책임감이 없기 때문이 아닌지 말이에요. 공책에는 꼭 이름을 쓰고 서랍에 잘 보관해요. 장난감은 가지고 놀고 나면 꼭 제자리에 놓아요. 내 물건을 소중하게 여기는 마음을 키우면 책임감뿐만 아니라 정리하고 정돈하는 습관까지 얻을 수 있어요.

책임감 점검표 만들기

일주일 동안 이것만은 꼭 지키자고 마음먹은 것들을 생각해 보아요.
그리고 점검표를 만들어서 매일 잘 지키는지 점검해 보세요.

해야 할 일	월	화	수	목	금	토	일

평가하기

일주일 동안 잘 지킨 일은 무엇인가요?

마음먹은 일을 잘 지키고 나니 기분이 어떤가요?

일주일 동안 잘 지키지 못한 일은 무엇인가요?

지키지 못한 이유는 무언인가요?

국립중앙도서관 출판시도서목록(CIP)

나중에 할 거야 : 책임감 있는 아이로 길러주는 책 / 글: 김유리 ;
그림: 이주희. — 고양 : 위즈덤하우스 미디어그룹, 2016
  p. ;   cm

권말부록: 책임감 기르기 프로젝트
ISBN 978-89-6247-783-2 74810 : ₩9500
ISBN 978-89-92010-33-7(세트) 74810

책임감[責任感]
한국 동화[韓國童話]
813.8-KDC6   CIP2016024887

책임감 있는 아이로 길러주는 책

나중에 할 거야

초판 1쇄 발행 2016년 11월 10일   초판 2쇄 발행 2017년 12월 8일

글 김유리   그림 이주희
펴낸이 연준혁   스콜라 부문대표 신미희

출판 5분사 분사장 윤지현   책임편집 김숙영   디자인 마루·한

펴낸곳 (주)위즈덤하우스 미디어그룹   출판등록 2000년 5월 23일 제13-1071호
제조국 대한민국   주소 경기도 고양시 일산동구 정발산로 43-20 센트럴프라자 6층
전화 (031)936-4000   팩스 (031)903-3891
전자우편 scola@wisdomhouse.co.kr   홈페이지 www.wisdomhouse.co.kr
스콜라카페 http://cafe.naver.com/scola1

ⓒ김유리, 2016
ISBN 978-89-6247-783-2 74810
ISBN 978-89-92010-33-7(세트)

이 책은 저작권법에 따라 보호받는 저작물이므로 무단전재와 무단복제를 금지하며,
이 책 내용의 전부 또는 일부를 이용하려면 반드시 저작권자와 (주)위즈덤하우스 미디어그룹의
동의를 받아야 합니다.
  * 잘못된 책은 바꿔 드립니다.   * 이 책의 사용 연령은 8~13세입니다.

스콜라는 (주)위즈덤하우스 미디어그룹의 아동·청소년 브랜드입니다.